essentials

Springer Essentials sind innovative Bücher, die das Wissen von Springer DE in kompaktester Form anhand kleiner, komprimierter Wissensbausteine zur Darstellung bringen. Damit sind sie besonders für die Nutzung auf modernen Tablet-PCs und eBook-Readern geeignet. In der Reihe erscheinen sowohl Originalarbeiten wie auch aktualisierte und hinsichtlich der Textmenge genauestens konzentrierte Bearbeitungen von Texten, die in maßgeblichen, allerdings auch wesentlich umfangreicheren Werken des Springer Verlags an anderer Stelle erscheinen. Die Leser bekommen „self-contained knowledge" in destillierter Form: Die Essenz dessen, worauf es als „State-of-the-Art" in der Praxis und/oder aktueller Fachdiskussion ankommt.

Cornelia Zanger

Ein Überblick zu Events im Zeitalter von Social Media

Prof. Dr. Cornelia Zanger
Technische Universität Chemnitz
Deutschland

ISSN 2197-6708 ISSN 2197-6716 (electronic)
ISBN 978-3-658-05770-1 ISBN 978-3-658-05771-8 (eBook)
DOI 10.1007/978-3-658-05771-8

Die Deutsche Nationalbibliothek verzeichnet diese Publikation in der Deutschen Nationalbibliografie; detaillierte bibliografische Daten sind im Internet über http://dnb.d-nb.de abrufbar.

Springer Gabler
© Springer Fachmedien Wiesbaden 2014
Das Werk einschließlich aller seiner Teile ist urheberrechtlich geschützt. Jede Verwertung, die nicht ausdrücklich vom Urheberrechtsgesetz zugelassen ist, bedarf der vorherigen Zustimmung des Verlags. Das gilt insbesondere für Vervielfältigungen, Bearbeitungen, Übersetzungen, Mikroverfilmungen und die Einspeicherung und Verarbeitung in elektronischen Systemen.

Die Wiedergabe von Gebrauchsnamen, Handelsnamen, Warenbezeichnungen usw. in diesem Werk berechtigt auch ohne besondere Kennzeichnung nicht zu der Annahme, dass solche Namen im Sinne der Warenzeichen- und Markenschutz-Gesetzgebung als frei zu betrachten wären und daher von jedermann benutzt werden dürften.

Gedruckt auf säurefreiem und chlorfrei gebleichtem Papier

Springer Gabler ist eine Marke von Springer DE. Springer DE ist Teil der Fachverlagsgruppe Springer Science+Business Media
www.springer-gabler.de

Vorwort

Der vorliegende Beitrag setzt sich mit dem aktuellen Phänomen der digitalen Vernetzung auf Social Media Plattformen auseinander, das aus der Consumer-to-Consumer-Kommunikation kommend eine ständig wachsende Bedeutung für die Kommunikation von Konsumenten mit Konsumenten *über* Unternehmen und von Konsumenten *mit* Unternehmen erfahren hat und mittlerweile auch längst die Business-to-Business-Kommunikation erreicht hat. Mit der Veränderung des klassischen Sender-Empfänger-Kommunikationsmodells hat sich auch der Einsatz der Kommunikationsinstrumente durch die Unternehmen verändert. Deshalb wird im Beitrag der Frage nachgegangen, welche Chancen und Risiken sowie neue Typen von Events sich aus der Verbindung von Social Media und Eventmarketing entwickeln. Bei dem Beitrag handelt es sich um die einordnende und systematisierende Einführung zu dem Sammelwerk „Events im Zeitalter von Social Media – Stand und Perspektiven der Eventforschung", herausgegeben von Cornelia Zanger, erschienen bei Springer Gabler 2013. Im Herausgeberband finden sich weitere vertiefende Beiträge zu psychologischen und soziologischen Aspekten der Verbindung von Live-Kommunikation und Social Media sowie weitere aktuelle Ergebnisse der interdisziplinären Eventforschung in Deutschland.

Inhaltsverzeichnis

1 Einleitung 1
2 Social Media und die Veränderung der Kommunikation 3
3 Social Media und Events – ein Systematisierungsansatz 7
4 Perspektiven für die Entwicklung von Events im Zeitalter von Social Media 15
Literatur 17

Einleitung

Auf ca. 2,5 Mrd. wird die Zahl der Internetnutzer derzeit weltweit geschätzt (o. V. worldwide-datas.com 2014). In Deutschland stieg der Anteil der regelmäßigen Internetnutzer über 14 Jahre von 37 % im Jahr 2001 auf rund 76,5 % Ende 2013 (o. V. Statista 2014d). Geradezu explosionsartig im Vergleich dazu hat sich die digitale Vernetzung der Internetnutzer untereinander mit Hilfe von Social Media Plattformen entwickelt. Bei 1,23 Mrd. Nutzern weltweit, stieg die Zahl der Nutzer von Facebook in Deutschland von 5 Mio. Anfang 2010 innerhalb von vier Jahren auf 27 Mio. Ende 2013 (o. V. Statista 2014c). Twitter kann mit immerhin 2,4 Mio. aktiven Nutzern (o. V. Statista 2014a) in Deutschland punkten und Youtube ist mit 34 Mio. Nutzern die beliebteste Videoplattform in Deutschland (o. V. Statista 2014b). Aber auch neue Plattformen wie Snapshot, Tumblr oder Instagram und insbesondere für die mobile Kommunikation geeignete Angebote wie WhatsApp treffen schnell den Nerv von jungen trendbewussten Zielgruppen.

Das Interesse aus Sicht von Wissenschaft und Unternehmenspraxis ist darauf gerichtet, die sich vollziehenden Veränderungen in Kommunikationsprozessen zu verstehen und für die Entwicklung von zeitgemäßen Kommunikationsstrategien unter Einbindung von Social-Media-Plattformen zu nutzen. Das betrifft den Einsatz aller Instrumente der Unternehmenskommunikation und damit auch die Strategien zum Einsatz von Events. Was also zunächst wie eine Konkurrenz wirken mag zwischen Events als Form der Live-Kommunikation und Social-Media-Plattformen als medial vermittelte Kommunikation kann neue Chancen für die Weiterentwicklung des Eventmarketing eröffnen.

Social Media und die Veränderung der Kommunikation 2

Die hohen Nutzerzahlen in sozialen Netzwerken sind Indiz dafür, dass sich die Kommunikation in einem epochemachenden Veränderungsprozess befindet (vgl. Abb. 2.1). Sowohl die technisch geprägten Anfänge des Internets, in denen die E-Mail im Mittelpunkt stand, als auch die heute als Web 1.0 bezeichnete Phase der Internetentwicklung, in der Homepages und Online-Shopping entstanden, waren durch eine eindeutige Rollenverteilung zwischen Informationsanbieter und Konsumenten als Informationsnachfrager bestimmt. Wenige Informationsanbieter standen einer großen Anzahl von Konsumenten gegenüber (vgl. Schiele et al. 2008, S. 5 f.).

Mit der Entwicklung von Social Media, dem interaktions- und dialogorientiertem „Mitmach"-Internet, zur Abgrenzung von den vorherigen Entwicklungsphasen auch als Web 2.0 bezeichnet, veränderte sich die Rollenverteilung zwischen Informationsanbieter und Konsumenten grundlegend.

Ein Ausblick, was kommt nach Web 2.0, fällt den Wissenschaftlern und Technikern noch schwer. Nach einer Vision von *Weiser*, wird der PC als Gerät verschwinden und durch „intelligente Alltagsgegenstände" ersetzt werden. Das „Internet der Dinge" soll mittels immer kleineren Computern alle menschlichen Prozesse unterstützen, ohne dass die Computer selbst noch Gegenstand der Aufmerksamkeit sind (vgl. Weiser 1991, S. 94 ff.).

Die fundamentale Veränderung in der Kommunikation zwischen informationsanbietenden Unternehmen und Konsumenten wurde durch die Entwicklung von Social Media möglich.

Social Media ist dabei der Schlüsselbegriff für eine Vielzahl von digitalen Medien und Technologien, die es den Nutzern ermöglichen, sich untereinander auszutauschen und mediale Inhalte einzeln oder in Gesellschaft zu gestalten. Die Benutzer nehmen durch Kommentare, Bewertungen und Empfehlungen aktiv auf die Inhalte Bezug und bauen auf diese Weise eine soziale Beziehung untereinander auf. Als

Abb. 2.1 Entwicklung des Internet zu einem digitalen Lebens- und Geschäftsraum. (Quelle: In Anlehnung an Schönfeld 2009, S. 2 f.)

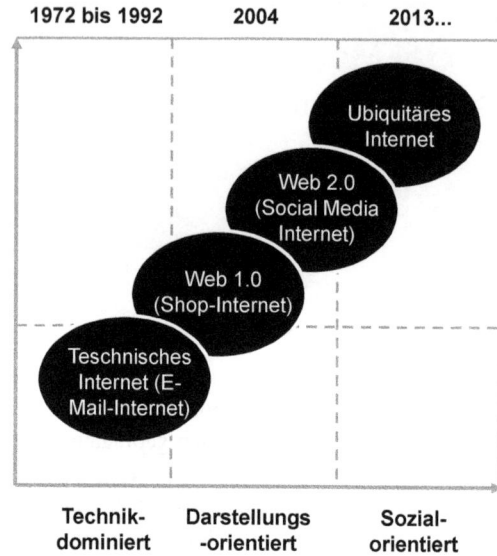

Kommunikationsmittel setzt Social Media einzeln oder in Kombination auf Text, Bild, Audio oder Video und kann plattformunabhängig verwendet werden (vgl. BVDW 2009, S. 5).

Durch die Nutzung von Social Media wandelt sich das klassische Sender-Empfänger-Kommunikationsmodell grundlegend. Die Rolle Sender und Empfänger sind im Kommunikationsprozess nicht mehr vorbestimmt, sondern der Konsument als Empfänger der Kommunikationsbotschaft kann selbst zum Sender werden gegenüber dem Unternehmen aber vor allem auch gegenüber anderen Konsumenten, die in der Folge wiederum selbst zum Sender von Botschaften werden (vgl. Abb. 2.2). Durch diese elektronische „Word-of-Mouth-Communication" (eWOM) wird die Entstehung von virtuellen Communities möglich (vgl. Rheingold 1993).

Virtuelle bzw. Online-Communities nutzen elektronische Plattformen im Internet über PC und verstärkt auch über mobile Medien, um Kommunikationsinhalte auszutauschen und soziale Beziehungen zu pflegen (Kollmann 2011). Die Mitglieder der Communities können dabei sowohl von Unternehmensseite als auch von Konsumentenseite kommen. (Marketing)Botschaften verbreiten sich mittels eWOM viral im sozialen Netz (Phelps et al. 2004).

2 Social Media und die Veränderung der Kommunikation

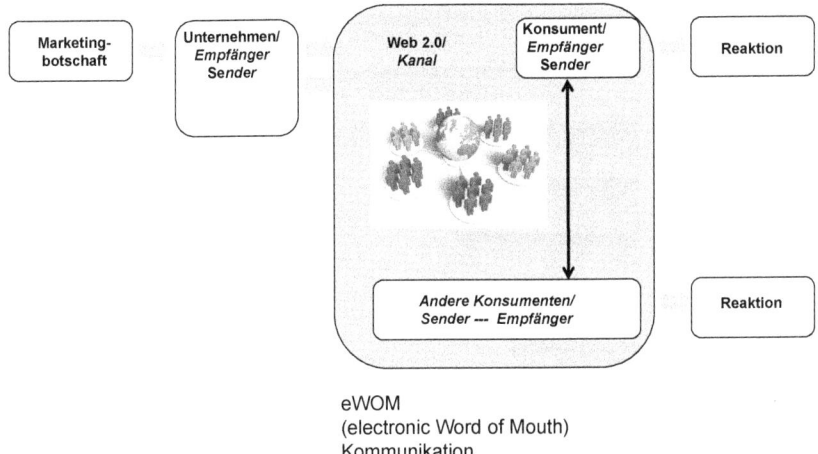

Abb. 2.2 Veränderung des klassischen Kommunikationsmodells zum Social Media Kommunikationsmodell. (Quelle: Eigene Darstellung)

Eine wichtige Rolle spielt die Interaktion zwischen den Mitgliedern, die auf Mitgestaltung von Inhalten und Entscheidungen im Sinne von Co-Creation gerichtet ist. Diese Interaktionen können sich aber auch die Entwicklung bzw. Bereitstellung eigener Inhalte (User-generated-Content) im Sinne eines Co-Production-Prozesses beziehen.

Das Social Media Prisma zeigt fast 300 deutschsprachige Social Media Plattformen mit steigender Tendenz an (Social Media Prisma 2012). Zur Systematisierung dieser Plattformen haben sich unterschiedlich differenzierte Ansätze entwickelt (vgl. z. B. Bruhn 2013, S. 478; Kaplan und Haenlein 2010, S. 62). Nach einer Systematik der IBM wird aus IT-Sicht unterschieden in (vgl. IBM Institute for Business Value 2011):

- Social Network Sites (z. B Facebook, Google+, Xing, LinkedIn)
- Media Sharing Sites (z. B. YouTube, Flickr, SlideShare, vemeo)
- Microblogging Sites (z. B. Twitter,
- Blogging Sites (Wordpress, Blogger, Tumblr)
- Wikis (z. B. Wikipedia, Encarta)
- Social Review Sites (Yelp, CitySearch, TripAdvisor)
- Social Bookmarking Sites (z. B. Reddit, Pinterest, BuzzFeed).

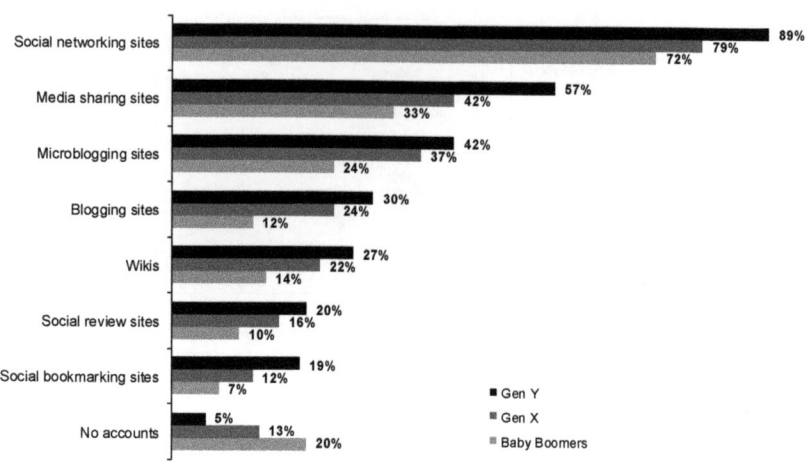

Abb. 2.3 Wer nutzt Social Media Plattformen: Konsumenten mit Accounts oder Social Sites. (Erläuterung: $N = 1056$, Generation Y: People born between 1975 and 1992 (18–35 years old); Generation X: People born between 1965 and 1974 (36–45 years old); Baby Boomers: People born in or before 1964 (46 years old and older). (Quelle: IBM Institute for Business Value 2011, Teil I, S. 4)

Die Nutzung der verschiedenen Formen von Social Media Plattformen in Abhängigkeit vom Alter der Nutzer zeigt Abb. 2.3.

Es wird deutlich, dass bei Weitem nicht nur junge Zielgruppen auf Social Media Plattformen agieren, sondern die Bereitschaft, sich in Online-Communities mit Gleichgesinnten auszutauschen und in sozialen Netzwerken wie Facebook oder XING zu kommunizieren bei allen Altersgruppen stark ausgeprägt ist.

Social Media und Events – ein Systematisierungsansatz

Mit der Hinwendung der Konsumenten zu Social Media müssen Unternehmen ihre Kommunikationspolitik verändern und den neuen Gegebenheiten vernetzter Kommunikation anpassen. Dass dies noch nicht von allen Unternehmen als strategische Notwendigkeit erkannt wird, zeigt eine Studie der BITKOM zum Einsatz von Social Media in deutschen Unternehmen. Erst 47 % der repräsentativen Stichprobe von Unternehmen nutzen Social Media, weitere 15 % planen den Einsatz bereits konkret. Hohe Relevanz für die Wirtschaft haben beispielsweise soziale Netzwerke wie Facebook, Xing, Google+ und LinkedIn- Aber auch Micro-Blog-Dienste wie Twitter oder Video-Plattformen wie YouTube sind bei den Unternehmen weit verbreitet. Die externe Unternehmenskommunikation mit den Schwerpunkten Marketing und Öffentlichkeitsarbeit ist aktuell der Treiber der Social-Media-Aktivitäten von Unternehmen (BITKOM 2012).

Nun stellt sich die Frage, wie der Bereich Live Kommunikation zu dem insbesondere die Events gehören, auf die Entwicklung zu Web 2.0 regieren kann. Zunächst mag hier ein Gegensatz vermutet werden. Events beziehen ihre besondere Kommunikationsqualität aus der Multisensualität, d. h. dem Erleben mit allen Sinnen und aus dem persönlichen Face-to-Face-Kontakt der am Event teilnehmenden Konsumenten mit dem eventveranstaltenden Unternehmen (vgl. Zanger und Sistenich 1996; Zanger 2001, 2010).

Social Media Plattformen erlauben hingegen nur über visuelle und auditive Reize zu kommunizieren und der Dialog findet virtuell, d. h. ohne einen direkten persönlichen Kontakt statt. Trotz oder gerade wegen der Unterschiede in der Kommunikationsqualität erscheint jedoch die Verbindung von Event und Social Media nicht nur als notwenige Reaktion auf die o. g. gravierenden Veränderungen der Kommunikation in Folge von Web 2.0 notwendig, sondern eröffnet tatsächlich eine neue Qualität der dialogischen Kommunikation.

Aus der Verbindung von Events mit Social Media ergeben sich komplementäre Wirkungen und Synergiepotentiale, deren Ausnutzung folgende *Chancen* für die Optimierung des Erfolgs von Events bietet (vgl. Zanger 2011, S. 62 f.; Hartmann 2012, S. 29 f.):

- Sowohl Events als auch Social Media orientieren auf Interaktion in der Kommunikation mit dem Konsumenten. Durch die Integration von Social Meda Plattformen können Konsumenten ihre Rolle als Co-Creator und Co-Producer von Events wirkungsvoller wahrnehmen, da sie beispielsweise schon im Vorfeld an der Gestaltung der Eventinhalte oder der Auswahl der Location teilhaben können. Insofern kann durch Social Media der *Integrationsgrad* des Kunden in den Prozess des Eventmarketing erhöht werden.
- Ein zentraler Vorteil von Social Media ist die prinzipiell unbegrenzte Reichweite, die für Events eingeschränkt, da die Reichweite i. d. R auf die unmittelbare Teilnehmerzahl begrenzt ist. Die Kommunikation von Eventbotschaften und Eventinhalten über Social Media Plattformen durch die Eventteilnehmer selbst oder den Eventveranstalter kann zu einer viralen Verteilung der Informationen in der Community führen und die *Reichweite* des Events dadurch deutlich erhöhen.
- Die Verbindung von Event und Social Media bietet auch die Möglichkeit zur *zeitliche Ausdehnung* von Events, da der Dialog mit den Konsumenten als direkter Eventteilnehmer und als Eventteilnehmer im virtuellen Raum über die eigentliche Veranstaltung hinaus in das Vorfeld und das Nachfeld ausgedehnt werden kann.
- Die räumlichen Limitierungen von Events kann durch den Einsatz von Social Media Plattformen ebenfalls überwunden werden. Teilnehmer können global in virtueller Form am Event teilhaben. Social Media ermöglicht die *räumliche Ausdehnung* von Events.
- Social Media Plattformen bieten die Möglichkeit zur Aktivierung von Communities und zur Kommunikation über Events. Dieser Ansatz erlaubt es *neue (junge) Zielgruppen* mit Events zu erreichen.
- Die Integration von Social Media gestattet, das Kommunikationsinstrument Eventmarketing noch besser für die Entwicklung und Festigung von *Kundenbeziehungen* einzusetzen. Der Kundendialog kann sowohl im Vorfeld des Events, während des Events im Haupt- und Umfeld sowie im Nachfeld (vgl. Zanger und Drengner 1999, 2009) bis zum Folgeevent geführt werden. Es können sowohl seitens des eventveranstaltenden Unternehmens als auch seitens der Konsumenten Diskussionen angestoßen, Eventinhalte für das Folgeevent entwickelt

3 Social Media und Events – ein Systematisierungsansatz

Abb. 3.1 Eventtypologie nach dem Grad der Intensität der Verbindung zu Social Media. (Quelle: Eigene Darstellung)

und gemeinsames Wissen z. B. über Eventerlebnisse in Form von Bildern und Geschichten erhalten werden.
- Virtuelle Begleitung von Events ist über die genannten Punkte hinaus auch *wirtschaftlich interessant*, da sie deutlich weniger Kosten für das eventveranstaltende Unternehmen verursacht als der Einsatz klassischer Medien.

Die Eventpraxis hat die Chancen der Verbindung von Event und Social Media rechtzeitig erkannt. Budgets wurden in Richtung Social Media verschoben und der Begriff des hybriden Events wurde geprägt, der für die Verbindung von Event und Social Media steht (vgl. Hartmann 2012, S. 25 f.).

In den letzten Jahren haben Eventagenturen und eventveranstaltende Unternehmen vielfältige Formen der Verbindung von Social Media und Events entwickelt, so dass es an der Zeit ist, eine Systematisierung vorzunehmen. Nach dem Grad der Intensität der Verbindung von Events mit Social Media Kommunikation können verschiedene Typen von Events beschrieben werden (vgl. Abb. 3.1).

Abb. 3.2 Virtueller Event zur Einführung des Parfüms Black XS von Paco Rabanne in der Online Welt von Second Life. (Quelle: Second Life 2007, zitiert nach Zanger 2007, S. 35)

Zunächst sind drei Grundtypen von Events hinsichtlich der *Intensität der Verbindung* von Events mit Social Media zu unterscheiden:

1. *Virtuelle Events i. e. S.*

Von „echten" virtuellen Events kann nur gesprochen werden, wenn wirklich kein physischer Kontakt zwischen den Eventteilnehmern stattfindet. Die gesamte Veranstaltung findet ausschließlich im virtuellen Raum statt und die Eventteilnehmer nehmen über ihren Avatar ebenfalls nur virtuell teil, wie dies beispielsweise mit dem Konzept von Second Life angedacht und umgesetzt wurde. Bei der Analyse der Einführung eines neuen Parfüms mittels eines virtuellen Events im „Big Apple", der Discothek im Second Life (vgl. Abb. 3.2) zeigte sich, dass bei einem rein virtuellen Event zwar kognitive Effekte wie Markenbekanntheit und Produktwissen generiert werden können. Aufgrund der fehlenden

Multisensualität des Markenerlebnissen war das virtuelle Event allerdings nur unzureichend in der Lage, die virtuellen Eventteilnehmer zu emotionalisieren (vgl. Zanger 2007, S. 34 f.).

Insofern können mit im virtuellen Raum organisierten Events zwar neue Zielgruppen angesprochen werden und eine quasi unbegrenzte Reichweite des Events erzielt werden, die konstitutiven Elemente des Eventerfolgs wie Mulisensualität, starke Emotionalisierung und einzigartige Erlebnisse durch persönliche Kontakte können nicht erreicht werden. Deshalb werden virtuelle Events i. e. S. in nächster Zeit eine Nische bleiben, die zielgruppen- und angebotsspezifisch von eventveranstaltenden Unternehmen eingesetzt werden kann.

2. *Reale Events i. e. S.*
Bei realen Events i. e. S. wird gänzlich auf den Einsatz von Social Media verzichtet. Das Eventkonzept konzentriert sich ganz auf die Emotionalisierung und das multisensuale Eventerlebnis beim persönlichen Kontakt zwischen Eventveranstalter und allen Eventteilnehmern. Mit Blick auf die eingangs dargestellten Veränderungen im Kommunikationsverhalten der Konsumenten hin zur Kommunikation über Social Media dürfte diese Form an Bedeutung verlieren, da immer weniger Eventkonzepte ohne einen Bezug zu Social-Media-Plattformen auskommen. Relevante Einsatzfelder sind sicher weiterhin teilnehmerlimitierte Corporate Events wie z. B. VIP-Events.

3. *Hybride Events*
Hybride Events stellen durch die Verbindung von realen Events mit Social Media Maßnahmen eine neuartige Form von Events dar, die den aktuellen Entwicklungen im Bereich der (Unternehmens)Kommunikation Rechnung trägt. Aus der Perspektive der praktischen Umsetzung kann die Verbindung zwischen Event und Social Media auf unterschiedliche Weise erfolgen, so dass im Bereich der hybriden Events eine weitere Differenzierung der Typisierung sinnvoll erscheint.

Hybride Events können hinsichtlich der *Art der Verbindung* des Events mit Social Media nochmals in drei Gruppen differenziert werden:

(a) *Übertragung von realen Events auf Social Media Plattformen*
Bei dieser Form der Verbindung von Events mit Social Media erfolgt entweder eine synchrone Übertragung des Events im Internet oder auf Social Media Plattformen bzw. die Inhalte des Events werden asynchron über Videoplattformen wie Youtube oder die Unternehmenshomepage im nach hinein kommuniziert. Auf diesem Weg können auch Teilnehmer erreicht werden, die aus Zeit- und Kostengründen nicht selbst am Event teilnehmen können. Eine kostengünstige Erhöhung der Reichweite des Events kann so erreicht werden.

Bei dieser Form ist keine kreative Teilhabe der Community am laufenden Event selbst möglich, aber die Community kann parallel oder im nach hinein diskutieren.

Beispielhaft für dieses Konzept ist der Event der HMI (Vertriebsorganisation der ERGO-Versicherungsgruppe) „The Big Kick". Anlässlich der Fußball WM 2010 wurde ein Ball über elf Länder in 50 Tagen von den Mitarbeitern der HMI von Hamburg nach Johannesburg für einen caritativen Zweck gedrippelt. Auf der Big-Kick-Website, auf Facebook und über Twitter konnten alle zu Hause Gebliebenen und weltweit Interessierte die gesamte Strecke verfolgen (vgl. FAMAB 2010). Täglich neu wurden Interesse und Spannung geweckt, die Markenbekanntheit durch die Übertragung gestützt und positive Imageeffekte erzielt.

(b) *Integration von Social Media in das Eventkonzept*
Bei dieser Form von hybriden Events werden Social Media Aktivitäten als Baustein in die Eventdramaturgie einbezogen und stehen damit neben klassischen Eventbestandteilen wie Showacts oder sportlichen Interaktionen gleichberechtigt im Eventkonzept. Social Media ist bei dieser Form ein innovatives, modernes Eventtool, das insbesondere für junge und technikaffine Zielgruppen geeignet ist. Die Initiierung und Steuerung der Social Media Aktivitäten liegt bei dieser Form vorrangig beim eventveranstaltenden Unternehmen bzw. der Eventagentur und richtet sich an die Teilnehmer am Live Event.

Die Integration von Social Media kann dabei sowohl im Vorfeld als auch im Haupt- und Umfeld sowie im Nachfeld des eigentlichen Events oder parallel in allen zeitlichen Phasen des Events verankert sein.

Im Vorfeld des Events ist insbesondere an die Initiierung des Co-Creating-Prozesses über Social Media Plattformen wie Facebook zu denken. Ziel ist der Austausch innerhalb der Community beispielsweise zur Locationauswahl oder zum Kreativcatering.

Wettbewerbe oder Spiele auf Social Media Plattformen eignen sich dazu Aufmerksamkeit zu generieren und unterstützen die Teilnehmergewinnung im Vorfeld, können aber auch während des Events wie z. B. Geocatching oder onlinebasierte Informationsvermittlung in Form eines Webinars oder im Nachfeld z. B. zum E-Voting für den sportlichsten Eventteilnehmers oder das Erfolgscontrolling eingesetzt werden.

(c) *Social Media Begleitung des Events*
Bei der Begleitung von Events auf Social Media Plattformen geht es vor allem um die Erhöhung der Reichweite und die aktive Einbeziehung von Zielgruppenmitgliedern, die nicht selbst am realen Event teilnehmen. Die

3 Social Media und Events – ein Systematisierungsansatz

Social Media Begleitung von Events setzt dabei auf die eWOM Kommunikation zwischen den Mitgliedern von Communties und die virale Verbreitung von Eventbotschaften.

Im Vorfeld und während des Events können Konsumenten über soziale Netzwerke wie Facebook oder Microblogs wie Twitter über den Event und dessen Verlauf informiert und zur Diskussion angeregt werden. Eventveranstaltende Unternehmen können Blogs, Chats und Foren einsetzen, um den Dialog mit der Zielgruppe auch über die unmittelbaren Eventteilnehmer hinaus im Nachfeld des Events zu führen.

Denkbar sind natürlich auch *Mischformen* der separat dargestellten verschiedenen Möglichkeiten der Verbindung von Events mit Social Media, die zu neuartigen Formaten führen können. Interessant sind in diesem Kontext *Flashmob Events* als vom Kunden selbst kreierte Events (spontane Flashmobs), zu denen sich die Teilnehmer über ihr soziales Netz online verabreden und den Event dann live gemeinsam ausführen (Bär 2012, S. 61 f.). Begeisterte Zuschauer fotografieren ebenfalls spontan und machen das Event über Youtube sehr schnell bekannt.

Die Flashmobs, die zunächst als spontane Form aus Social Communities heraus entstanden sind, können mit Fingerspitzengefühl auch von Unternehmen inszeniert werden und werden dann auch als Smart Mobs bezeichnet (vgl. Rheingold 2002).

Als erfolgreiches Beispiel kann der von der Swisscom initiierte Flashmob Event „Swissness" anlässlich der olympischen Winterspiele in Vancouver 2010 gelten. Aufgabe war es, das nüchterne Image der Swisscom, der insbesondere Markenwerte wie „Nähe", „Herzlichkeit" oder „Verbundenheit" fehlen, neu zu positionieren und mit Sympathie aufzuladen. Eine junge zukunftsorientierte Zielgruppe sollte emotional angesprochen werden. Konzipiert wurde ein Flashmob-Event, das durch eine optimale Vernetzung von Public Event und Social Media eine enorme mediale Verbreitung erfahren hat. Die Schweizer, ein Volk, das nicht durch überschwängliche Emotionen auf sich aufmerksam macht, feierten Passanten am Züricher Hauptbahnhof wie Olympiastars und sendeten so einen Motivationsschub nach Vancouver. Die entstandenen Clips wurden über Youtube viral bekanntgemacht und brachten dem ehemaligen Staatsunternehmen Swisscom eine Aufmerksamkeit, die den erwarteten Rahmen sprengte. Über 130.000 kumulierte Klicks nach nur zwei Wochen und ein reger Austausch auf dem an die Schweizer Athleten in Vancouver gerichteten Online-Fanbuch belegten die sehr gute Zielerreichung (vgl. FAMAB 2010).

Aus Sicht der Eventforschung kann im Kontext der hybriden Events diskutiert werden, ob im Zusammenhang mit der Nutzung von Social Media im Eventmarketing von Event-Linked-Marketing gesprochen werden sollte. Unter *Event-Linked-Marketing* wird dabei die Planung und Durchführung von Marketingaktivitäten verstanden, die einen Bezug zum Event herstellen und kommunizieren sowie die Partizipation der Konsumenten bis hin zu deren Integration in die Erarbeitung von Eventinhalten (vgl. Jahn und Zanger 2013, S. 257 ff.).

4 Perspektiven für die Entwicklung von Events im Zeitalter von Social Media

Nicht zu vernachlässigen sind bei aller Euphorie für Social Media im Eventkontext allerdings auch die *Herausforderungen*, die damit verbunden sind:

- Der große Vorteil für eventveranstaltende Unternehmen, der einerseits durch die virale Verbreitung und Diskussion von Events in sozialen Netzwerken (eWOM) entsteht, ist andererseits mit der eingeschränkten Kontrolle über die Meinungsäußerungen, diskutierten Inhalte und Bewertungen des Events durch die Communities verbunden. Gezielte Falschinformationen enttäuschter Kunden oder Manipulationen durch Wettbewerber sind auf Grund der Offenheit sozialer Netzwerke nicht auszuschließen. Dem können Unternehmen nur durch das ständige Verfolgen der Kommunikation innerhalb der sozialen Netzwerke und durch Dialogangebote an die Social Communities begegnen. Die Kunden müssen sich in der Rolle des Co-Creators ernst genommen fühlen.
- Durch die Verbindung von Events mit weitestgehend öffentlichen sozialen Netzen wird der Datenschutz bezüglich sensibler Unternehmensdaten und persönlicher Kundendaten erschwert. Deshalb sind klare Vereinbarungen zum Umgang mit sensiblen Daten zu treffen, um die Vertrauensbasis zu den Kunden nicht zu gefährden und den Zugriff des Wettbewerbs zu minimieren.
- Noch sind mit Social Media (noch) nicht alle Zielgruppen zu erreichen. Hier ist der Blick auf mobile Kommunikationsgeräte zu legen. Rund 90 % aller Deutschen über 14 Jahre nutzen das Handy, der Anteil der Internetnutzer, die ihr Handy für den mobilen Internetzugang nutzen, liegt bei 70 % (Statista 2014e). Im diesem Bereich liegen Potentiale, um Geschäftskunden und ältere Zielgruppen über Social Media Plattformen zu erreichen.
- Ein sehr hoher Grad an Emotionalisierung, der beim Live Event der Moderator für Zufriedenheit an der Eventteilnahme, einen positiven Imagetransfer auf das Unternehmensimage und die Stärkung der Beziehungsqualität zum Eventver-

anstalter ist, kann nur mit einem realen Event erreicht werden. Die Face-to-face Kommunikation anlässlich der Veranstaltung und das multisensuale Erleben sowohl des Events selbst als auch der Eventatmosphäre unterstützen die Verbundenheit und Nähe zum Unternehmen. Vor diesem Hintergrund ist davon auszugehen, dass Social Media immer ein komplementär begleitendes Kommunikationsinstrument ist, d. h. der virtuelle Events i. e. S. wird eher ein Nischenangebot bleiben. Die Herausforderung für die Eventpraxis besteht in der kreativen Fortentwicklung und Professionalisierung des hybriden Eventkonzeptes. Dazu gehört ebenfalls der Einsatz von qualifiziertem Personal, das sowohl den Bereich des Eventmanagements beherrscht als auch mit Social Media umgehen kann.

Abschließend bleibt festzuhalten, dass sich die Verbindung von Events mit Social Media Aktivitäten in den nächsten Jahren weiter entwickeln wird. Die Erreichung wesentlicher Zielstellungen von Eventmarketing als Instrument der Unternehmenskommunikation wie Markenbekanntheit, positive Imageeffekte und emotionale Kundenbindung lassen sich durch die Integration von Social Media in Eventkonzepte unterstützen.

Die Weiterentwicklung von Social Media Technologien wird neue Formen von Events möglich machen und die komplementäre Verbindung von Event und Social Media wird intensiver. Dabei ist zu beachten, dass die Verbindung von emotionalen Live Erlebnissen beim Event nicht im Widerspruch zum Zeitalter von Social Media steht, sondern dass die professionelle Verbindung beider Kommunikationsformen hilft, Synergiepotentiale zu erschließen und Events effizienter zu gestalten.

Literatur

Bär, S. (2012). Flash Mob Marketing – Inszenierte Blitz-Events als Instrumente der emotionalen Markenkommunikation. In C. Zanger (Hrsg.), *Erfolg mit nachhaltigen Eventkonzepten* (S. 55–79). Wiesbaden: Gabler.
BITKOM (Bundesverband Informationswirtschaft; Telekommunikation und Neue Medien E. V.). (2012). Einsatz von Social Media in deutschen Unternehmen. http://www.bitkom.org/de/publikationen/38338_72124.aspx. Zugegriffen: 6. Nov. 2012.
Bruhn, M. (2013). *Kommunikationspolitik* (7. Aufl.). München: Vahlen.
BVDW (Bundesverband Digitale Wirtschaft E. V.). (2009). *Social Media Kompass*. Düsseldorf.
FAMAB (Verband Direkte Wirtschaftskommunikation E. V.). (2010). Event Award 2010, Online Archiv 2010.
Hartmann, D. (2012). User Generated Events. In C. Zanger (Hrsg.), *Erfolg mit nachhaltigen Eventkonzepten* (S. 23–36). Wiesbaden: Gabler.
IBM Institute for Business Value. (2011). From social media to Social CRM, The first Part 2011. http://public.dhe.ibm.com/common/ssi/ecm/en/gbe03391usen/GBE03391USEN.PDF. Zugegriffen: 6. Nov. 2012.
Jahn, S., & Zanger, C. (2013). Events und Social Media. In M. Bruhn & K. Hadwich (Hrsg.), *Dienstleistungsmanagement und Social Media* (S. 257–276). Wiesbaden: Springer.
Kaplan, A. M., & Haenlein, M. (2010). Users of the world, unite! The challenges and opportunities of social media. *Business Horizons, 53*(1), 59–68.
Kollmann, T. (2011). *E-Business. Grundlagen elektronischer Geschäftsprozesse in der Net Economy* (4. Aufl.). Wiesbaden: Gabler.
O. V. (2012). Social Media Prisma Version 5. http://www.ethority.de/weblog/social-media-prisma/. Zugegriffen: 6. Nov. 2012.
O. V. (2014). Internetnutzer weltweit. http://www.worldwide-datas.com/internetnutzer-weltweit/. Zugegriffen: 8. Mär. 2014.
O. V. (2014a). Anzahl deutschsprachiger Nutzer von Twitter. http://de.statista.com/statistik/daten/studie/157936/umfrage/anzahl-deutschsprachiger-nutzer-von-twitter-seit-2009/. Zugegriffen: 8. Mär. 2014.
O. V. (2014b). Beliebteste Videoportale in Deutschland. http://de.statista.com/statistik/daten/studie/209190/umfrage/beliebteste-videoportale-in-deutschland/. Zugegriffen: 8. Mär. 2014.

O. V. (2014c). Entwicklung der Facebooknutzer in Deutschland http://de.statista.com/statistik/daten/studie/70189/umfrage/nutzer-von-facebook-in-deutschland-seit-2009/. Zugegriffen: 8. Mär. 2014.

O. V. (2014d). Entwicklung der Internetnutzung in Deutschland. http://de.statista.com/statistik/daten/studie/13070/umfrage/entwicklung-der-internetnutzung-in-deutschland-seit-2001/. Zugegriffen: 8. Mär. 2014.

O. V. (2014e). Mobile Internetnutzung in Deutschland. http://de.statista.com/statistik/daten/studie/197383/umfrage/mobile-internetnutzung-ueber-handy-in-deutschland/. Zugegriffen: 8. Mär. 2014.

Phelps, J. E., et al. (2004). Viral marketing of electronic word-of-mouth advertising, examining consumer responses and motivations to pass along email. *Journal of Advertising Research, 44*(4), 333–348.

Rheingold, H. (1993). *The virtual community. Homesteading at the electronic frontier.* Reading: Addison-Wesley.

Rheingold, H. (2002). *Smart mobs: The next social revolution.* Cambridge: Basic Books.

Schiele, G., Hähner, J., & Becker, C. (2008). Web 2.0 – Technologien und Trends. In H. Bauer, et al. (Hrsg.), *Interactive Marketing im Web 2.0* (2. Aufl., S. 4–13). München: Vahlen.

Schönfeld, F. (2009). *Praxisleitfaden Enterprise 2.0.* München: Hanser Fachbuchverlag.

Weiser, M. (1991). The computer for the 21st century. *Scientific American, 265*(3), 94–104.

Zanger, C. (2001). Eventmarketing/Veranstaltungsmarketing. In H. Diller (Hrsg.), *Vahlens Großes Marketinglexikon* (2. Aufl., S. 439–442). München: Vahlen.

Zanger, C. (2007). Eventerfolg im Second Live. Events – The International Management Magazin for Meetings, Incentives, Congresses, Exhibitions, Heft 04/2007, S. 34–38.

Zanger, C. (2010). Stand und Perspektiven der Eventforschung – Eine Einführung. In C. Zanger (Hrsg.), *Stand und Perspektiven der Eventforschung* (S. 3–12). Wiesbaden: Gabler.

Zanger, C. (2011). Events – real, virtuell oder hybrid – wohin geht der Trend? messe & event – Österreichs 1. *Fachmagazin für Messebusiness, Erlebnismarketing und Meetings,* Wien, Heft 04/2011, S. 62–63.

Zanger, C. (2013). *Events im Zeitalter von Social Media – Stand und Perspektiven der Eventforschung.* Wiesbaden: Springer.

Zanger, C., & Drengner, J. (1999). Erfolgskontrolle im Eventmarketing. *Planung & Analyse, 6,* 32–37.

Zanger, C., & Drengner, J. (2009). Eventmarketing. In M. Bruhn, F.-R. Esch, & T. Langner (Hrsg.), *Handbuch Kommunikation: Grundlagen – Innovative Ansätze – Praktische Umsetzungen* (S. 195–213). Wiesbaden: Gabler.

Zanger, C., & Sistenich, F. (1996). Eventmarketing: Bestandsaufnahme, Standortbestimmung und ausgewählte theoretische Ansätze zur Erklärung eines innovativen Kommunikationsinstrumentes. *Marketing ZFP, 18*(4), 233–242.

GPSR Compliance
The European Union's (EU) General Product Safety Regulation (GPSR) is a set of rules that requires consumer products to be safe and our obligations to ensure this.

If you have any concerns about our products, you can contact us on

ProductSafety@springernature.com

In case Publisher is established outside the EU, the EU authorized representative is:

Springer Nature Customer Service Center GmbH
Europaplatz 3
69115 Heidelberg, Germany

www.ingramcontent.com/pod-product-compliance
Ingram Content Group UK Ltd.
Pitfield, Milton Keynes, MK11 3LW, UK
UKHW021259180426
11947UKWH00015B/920